LES
CÉTACÉS

L'édition originale de cet ouvrage
a paru sous le titre: *Whales and Dolphins*
Copyright © Aladdin Books Limited 1988,
70, Old Compton Street, London W1
All rights reserved

Adaptation française de Philippe Selke
Illustrations de George Thompson
Copyright © Éditions Gamma, Tournai, 1988
D/1988/0195/61
ISBN 2-7130-0948-0
(édition originale: ISBN 086313 762 8)

Exclusivité au Canada:
Les Éditions Héritage Inc., 300, avenue Arran
Saint-Lambert, Qué. J4R 1K5
Dépôts légaux, 4e trimestre 1988.
Bibliothèque nationale du Québec
Bibliothèque nationale du Canada
ISBN 2-7625-5047-5

Imprimé en Belgique

Ce livre te présente les différentes espèces de cétacés à fanons et à dents: baleines, dauphins et marsouins. En fin d'ouvrage, un guide d'identification te fournira plus d'informations sur ces animaux, leurs tailles et formes respectives et leur distribution dans le monde.

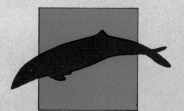

Sur chaque photo, un carré indique la taille de l'animal; un côté représente environ dix mètres.

Un carré rouge te révèle que ce cétacé est menacé; consulte les pages 28 et 29.

Ci-contre: baleine à bosse sautant hors de l'eau

OBJECTIF NATURE

LES CÉTACÉS

Lionel Bender - Philippe Selke

ÉDITIONS GAMMA – ÉDITIONS HÉRITAGE INC.

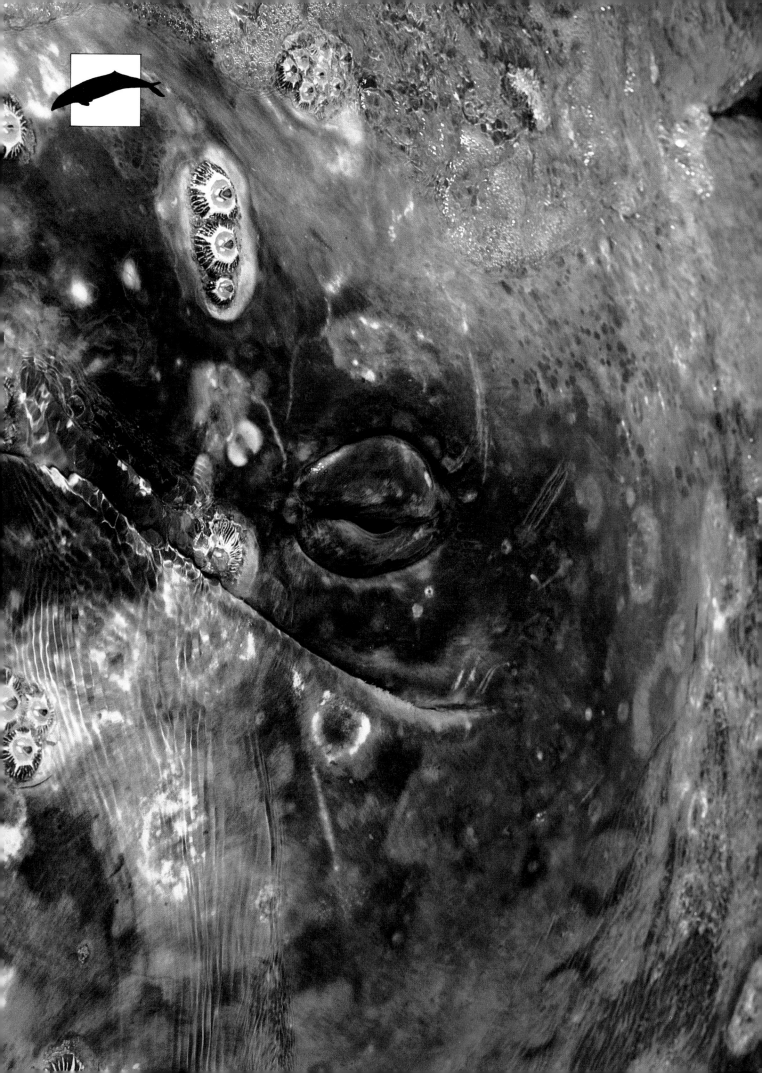

Introduction

Les cétacés comptent dans leurs rangs les plus grands animaux connus, ainsi que les nageurs les plus rapides. Certains, comme le cachalot, atteignent le fond des océans et sont les mammifères qui plongent le plus profond. Cétacés de petite taille, les dauphins font partie des animaux les plus alertes et intelligents que l'on connaisse.

Les cétacés sont très sociables et beaucoup apprécient la présence de l'homme. Celui-ci a hélas pourchassé de nombreuses espèces jusqu'à leur quasi-disparition.

On sait encore peu de choses sur les cétacés, sans doute en raison de leur habitat exclusivement marin. Ce livre te fera découvrir quelques-uns des aspects les plus fascinants de ces majestueux animaux.

◁ Cette baleine grise te dévisage d'un œil curieux

Mammifères marins

Malgré leur ressemblance avec les poissons, les cétacés sont en fait des mammifères ; ils ont le sang chaud, respirent grâce à des poumons et mettent au monde des petits qui se nourrissent du lait maternel. Il y a cinquante millions d'années, les ancêtres des cétacés vivaient sur la terre ferme comme tous les autres mammifères.

Le corps d'un cétacé, tout comme celui d'un poisson, est fait pour la nage. Alors que le poisson se déplace par ondulations latérales, le cétacé progresse en remuant la queue de haut en bas. Ses membres antérieurs ne sont pas des nageoires, mais des «battoirs» ayant la même structure osseuse que nos bras et nos mains. Les membres postérieurs ont disparu avec le temps. La peau des poissons est écailleuse ; celle des cétacés est lisse, avec de rares poils.

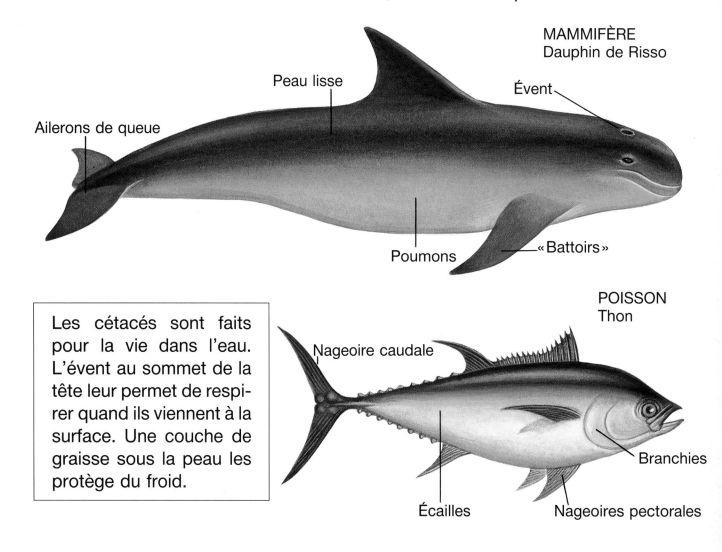

MAMMIFÈRE
Dauphin de Risso

Peau lisse

Évent

Ailerons de queue

Poumons

«Battoirs»

POISSON
Thon

Les cétacés sont faits pour la vie dans l'eau. L'évent au sommet de la tête leur permet de respirer quand ils viennent à la surface. Une couche de graisse sous la peau les protège du froid.

Nageoire caudale

Branchies

Écailles

Nageoires pectorales

Malgré ses 15 mètres, la baleine à bosse fend l'eau sans difficulté ▷

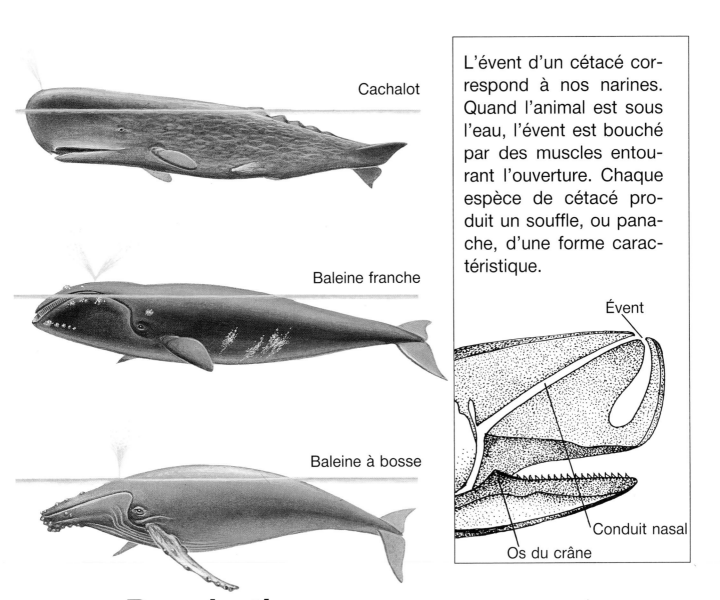

Cachalot

Baleine franche

Baleine à bosse

L'évent d'un cétacé correspond à nos narines. Quand l'animal est sous l'eau, l'évent est bouché par des muscles entourant l'ouverture. Chaque espèce de cétacé produit un souffle, ou panache, d'une forme caractéristique.

Évent

Conduit nasal

Os du crâne

Respiration

De nombreux cétacés peuvent atteindre des profondeurs impressionnantes. Le cachalot est capable de plonger à plus de 3 000 m de fond et de rester sous l'eau plus d'une heure et demie. Pour respirer, les cétacés font surface, expulsent l'air vicié par leur évent, formant ainsi le fameux panache, puis inspirent profondément avant de s'enfoncer à nouveau dans l'océan.

Les poumons d'un cétacé sont proportionnellement plus petits que les nôtres. Mais l'animal les remplit plus que nous : à chaque respiration, alors que nous ne remplaçons qu'environ 12% de l'air présent dans nos poumons, le cétacé y accumule près de 90% d'air frais. Cet apport d'oxygène alimente les muscles de l'animal en énergie.

◁ Le rorqual bleu produit un panache haut de dix mètres

Une agilité étonnante

Même les plus grands cétacés, comme la baleine à bosse avec ses 15 mètres de long, sont des nageurs d'une souplesse et d'une agilité surprenantes. Quand ils font surface, il leur arrive de sauter complètement hors de l'eau et de tourner sur eux-mêmes avant de retomber lourdement. Des groupes de dauphins précèdent souvent les bateaux, profitant des turbulences créées par la proue du navire.

Grâce à de puissants muscles, les cétacés propulsent leur énorme corps par des mouvements verticaux de la queue. Les battoirs leur servent de gouvernails. L'eau s'écoule facilement sur leur peau lisse et huileuse. Pour résister aux énormes pressions régnant dans les profondeurs, les cétacés modifient leur surface corporelle.

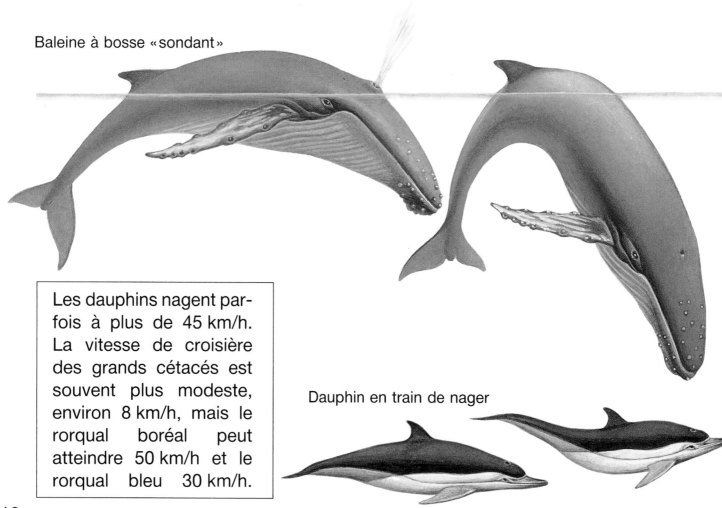

Baleine à bosse « sondant »

Les dauphins nagent parfois à plus de 45 km/h. La vitesse de croisière des grands cétacés est souvent plus modeste, environ 8 km/h, mais le rorqual boréal peut atteindre 50 km/h et le rorqual bleu 30 km/h.

Dauphin en train de nager

△ Quand il sonde, le rorqual bleu exhibe ses ailerons de queue

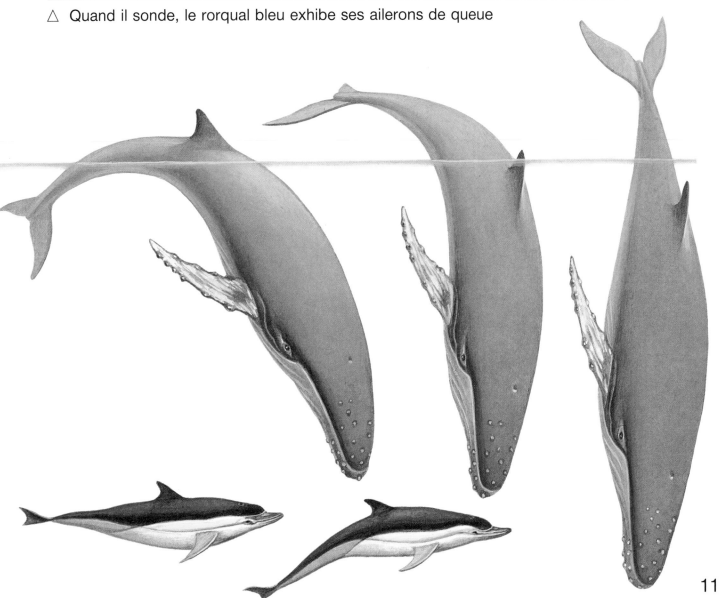

Cétacés à fanons

On classe les cétacés en deux groupes : ceux pourvus de dents et ceux possédant des fanons. Ces derniers, dix espèces au total, ont dans la gueule une série de lames cornées pourvues de franges poilues et fixées à la voûte du palais. Ces lamelles osseuses, les fanons, permettent à l'animal de filtrer l'eau pour en retirer sa nourriture.

Les cétacés à fanons se nourrissent de plancton animal, composé de krill et d'autres créatures microscopiques. Pour s'en emparer, la baleine ouvre la gueule, engouffrant beaucoup d'eau, puis laisse celle-ci s'écouler au travers des fanons ; ceux-ci retiennent les particules nutritives, que l'animal peut ensuite avaler. À ce régime, le rorqual bleu, le plus grand animal ayant jamais vécu, atteint 150 tonnes.

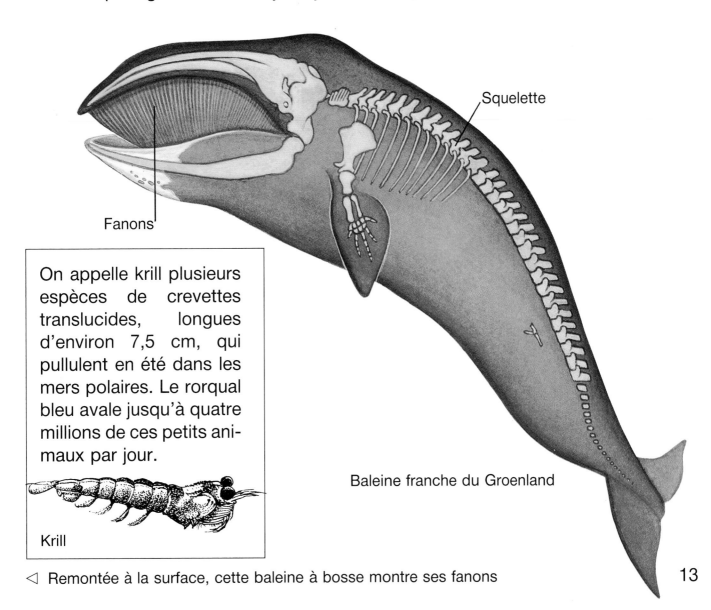

Squelette

Fanons

On appelle krill plusieurs espèces de crevettes translucides, longues d'environ 7,5 cm, qui pullulent en été dans les mers polaires. Le rorqual bleu avale jusqu'à quatre millions de ces petits animaux par jour.

Krill

Baleine franche du Groenland

◁ Remontée à la surface, cette baleine à bosse montre ses fanons

Cétacés à dents

La plupart des cétacés, dauphins y compris, ont des mâchoires garnies de petites dents coniques servant à agripper des proies glissantes comme les poissons et les calmars. Le dauphin commun possède plus de 200 dents. La gueule du cachalot en compte moins de 50, de même que d'autres espèces qui se nourrissent d'animaux au corps mou tels que les calmars.

Chassant en groupes, l'orque s'attaque souvent à des proies à sang chaud comme les pingouins, les phoques et même les dauphins. Certaines espèces de dauphins, comme le grand dauphin, poursuivent également leurs proies en commun, capturant des bancs de poissons, par exemple des thons, après les avoir encerclés.

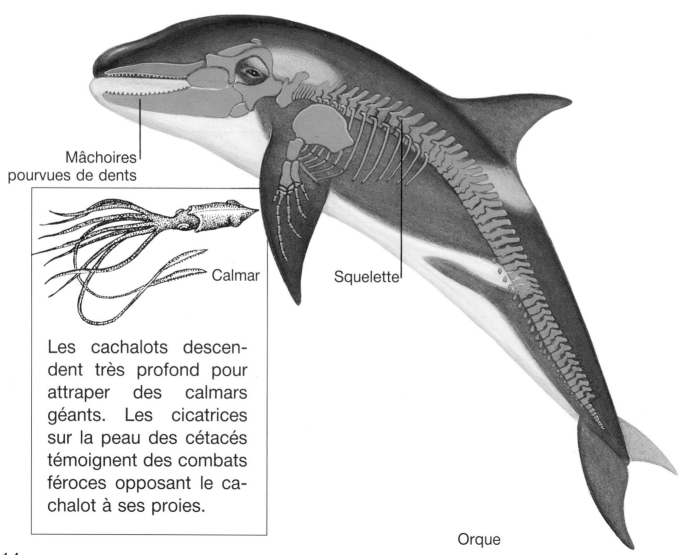

Mâchoires pourvues de dents

Calmar

Squelette

Les cachalots descendent très profond pour attraper des calmars géants. Les cicatrices sur la peau des cétacés témoignent des combats féroces opposant le cachalot à ses proies.

Orque

14

Dauphins et marsouins

Parmi les petites espèces de cétacés à dents, on distingue le narval, le bélouga, les dauphins et les marsouins. Ces derniers ont une tête arrondie, sans le museau propre aux dauphins. Leur taille ne dépasse pas 1,5 m et leur aileron dorsal est peu marqué, voire inexistant.

Les dauphins, par contre, peuvent atteindre environ 4 m et possèdent un aileron dorsal bien développé. On trouve le dauphin commun et le grand dauphin dans tous les océans du globe, sauf dans les mers polaires. Les dauphins d'eau douce habitent les fleuves tropicaux comme l'Amazone et l'Indus. Ils nagent lentement, utilisant leur museau pointu pour fouiller le lit du fleuve à la recherche de crabes.

Dauphin commun

Les marsouins se nourrissent surtout de poissons tels que les harengs, tandis que le menu des dauphins comprend des poissons, des calmars et des pieuvres. Les dauphins vivent souvent en groupes de plus de cent individus et se déplacent en suivant les côtes.

Marsouin commun

Le grand dauphin préfère voyager en bandes ▷

Certains cétacés se dirigent et découvrent leurs proies par écholocation, principe identique à celui utilisé pour la navigation des bateaux : ils émettent des sons à haute fréquence qui leur reviennent après avoir été répercutés par la proie ou le fond marin.

Sons
haute
fréquence

Globicéphale

Sens et sons

Tout comme nous, les cétacés possèdent deux yeux, deux oreilles, un nez et une langue. A l'air libre et en eau peu profonde, leur vue est assez bonne. Cependant, comme leurs yeux sont situés de part et d'autre de la tête, ils apprécient mal les distances. Sous l'eau, les cétacés gardent les narines fermées et ne sont donc pas sensibles aux odeurs. La langue leur permet de déceler la présence de produits chimiques.

Malgré leurs conduits auditifs relativement étroits, les cétacés ont une ouïe excellente et détectent facilement les ondes sonores véhiculées par l'eau. Les cétacés communiquent entre eux en émettant des sons. De plus, les espèces à dents se dirigent grâce à l'écholocation.

Les bélougas ont une voix puissante et variée ▷

Migrations et déplacements

Durant toute l'année, la plupart des cétacés à dents se déplacent à la poursuite de bancs de poissons, ce qui les entraîne parfois dans d'immenses périples autour des océans. A l'opposé, les cétacés à fanons ne font qu'un voyage annuel qui, à l'approche de l'hiver, les mène des zones alimentaires à leurs territoires de reproduction.

Le plancton, aliment des cétacés à fanons, abonde l'été dans les mers polaires de l'Arctique et de l'Antarctique. Les migrations de la baleine grise la conduisent du Grand Nord jusqu'aux côtes de Californie, 20 000 km plus au sud! Les rorquals bleus forment deux populations bien distinctes, dont les territoires de reproduction se situent de chaque côté de l'équateur.

Route migratoire de la baleine grise

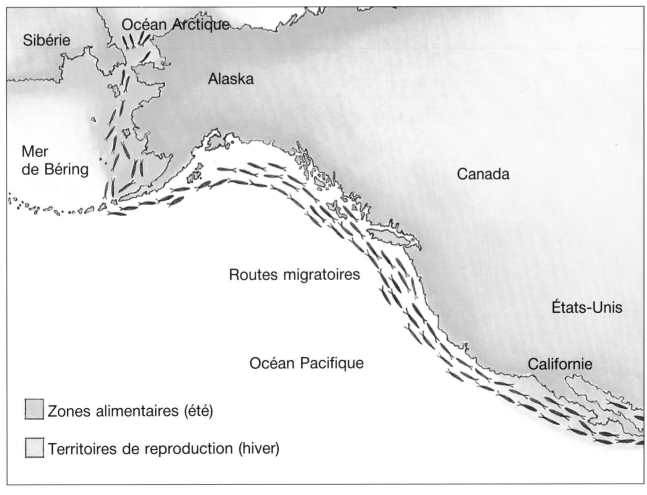

Zones alimentaires (été)

Territoires de reproduction (hiver)

◁ Lors de leurs migrations vers le Sud, les bélougas forment d'immenses troupeaux

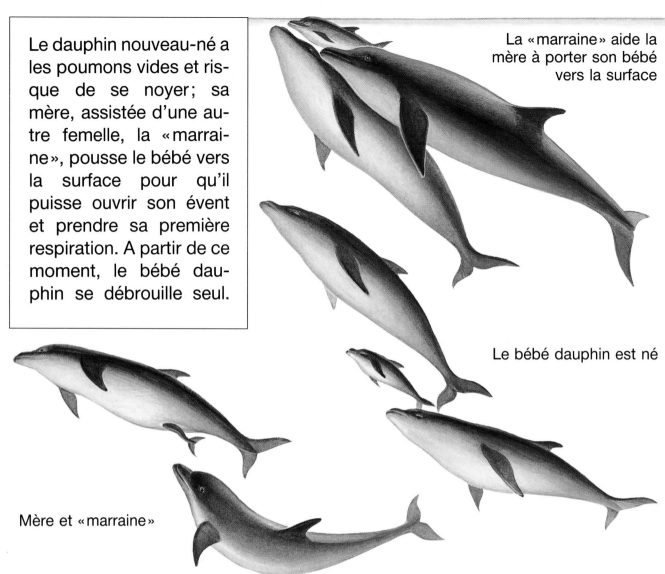

Le dauphin nouveau-né a les poumons vides et risque de se noyer; sa mère, assistée d'une autre femelle, la «marraine», pousse le bébé vers la surface pour qu'il puisse ouvrir son évent et prendre sa première respiration. A partir de ce moment, le bébé dauphin se débrouille seul.

La «marraine» aide la mère à porter son bébé vers la surface

Le bébé dauphin est né

Mère et «marraine»

Reproduction

Avant l'accouplement, les cétacés à dents mâles, comme le cachalot, se disputent les femelles en se mordant et en se donnant des coups. Les mâles de toutes les espèces courtisent les femelles: ils les poursuivent, sautent hors de l'eau, plongent, nagent à leurs côtés, les touchent et les caressent avec la tête. Même les espèces les plus massives, telle la baleine à bosse, ont des comportements amoureux spectaculaires, qui culminent quand les deux partenaires émergent pour s'accoupler face à face.

Chez les cétacés à fanons, les parades amoureuses et l'accouplement se déroulent dans les eaux chaudes des mers tropicales, où les jeunes naissent l'année suivante. En effet, la gestation dure généralement un an.

Baleine grise mâle courtisant une femelle ▷

Des bébés géants

Les cétacés nouveau-nés sont les plus grands au monde ; le baleineau du rorqual bleu peut mesurer jusqu'à 7,6 mètres et peser 7 tonnes. De plus, les bébés grandissent très vite, doublant leur poids dès la première semaine. Ils commencent à s'alimenter quelques minutes après la naissance. Le lait maternel des cétacés, très épais et riche en matières grasses, est extrêmement nourrissant.

Chez les plus grandes espèces de cétacés à fanons, la mère allaite son petit pendant six mois. Entre-temps, les animaux ont regagné leurs zones alimentaires estivales près des pôles, ce qui permet aux jeunes de se nourrir de plancton. La mère peut alors reconstituer la réserve de graisse qu'elle avait convertie en lait.

◁ Baleine à bosse femelle avec son petit

A la naissance, le rorqual bleu atteint sept tonnes. Sa croissance est très rapide, ralentissant cependant quand le baleineau arrive à maturité.

1 jour (7,5 m)

7 mois (16 m)

5 ans (23 m)

25 ans (26 m)

En nageant tout contre sa mère, le baleineau dépense moins d'énergie ▷

Une grande intelligence

Les dauphins sont très intelligents. Leur langage, composé de sifflements, gazouillis, «clics» et gémissements, leur permet de communiquer sur de longues distances. En captivité, ils sont capables d'apprendre des tours d'adresse et d'imiter de nombreux bruits et gestes humains. Les scientifiques pensent que les dauphins sont plus intelligents que les chiens, mais moins que les singes.

Certains comportements «intelligents» des cétacés sont plus le résultat de leur enjouement naturel ou de leur sociabilité que d'une véritable intelligence. Ainsi, les femelles se portent mutuellement assistance pour mettre au monde leurs petits. De même, les dauphins aident leurs congénères blessés à remonter à la surface pour respirer.

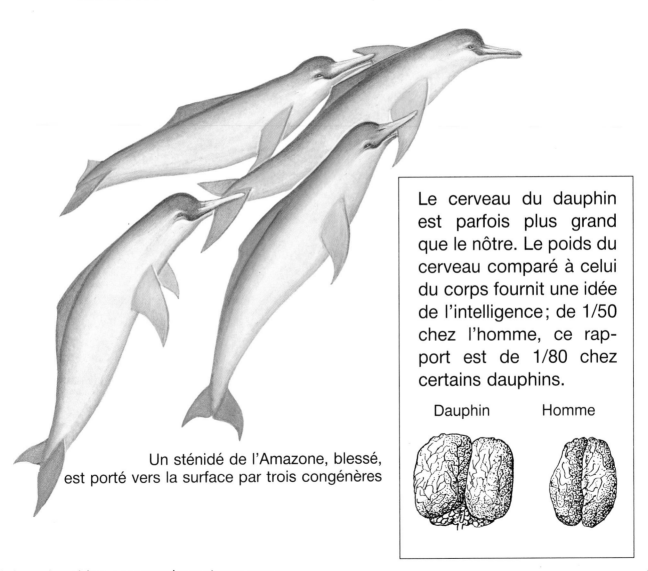

Un sténidé de l'Amazone, blessé, est porté vers la surface par trois congénères

Le cerveau du dauphin est parfois plus grand que le nôtre. Le poids du cerveau comparé à celui du corps fournit une idée de l'intelligence; de 1/50 chez l'homme, ce rapport est de 1/80 chez certains dauphins.

Dauphin   Homme

Protection

Pendant des siècles, l'homme a pourchassé les cétacés. La chair de ces mammifères est aujourd'hui encore consommée de par le monde. Elle sert également à fabriquer des aliments pour chiens et chats. La graisse de baleine peut être convertie en combustible. En la traitant, on obtient aussi un lubrifiant fort apprécié en horlogerie. L'industrie baleinière provoqua l'extermination sans pitié des grands cétacés. Nombre d'entre eux virent leurs populations régresser dramatiquement, le rythme de reproduction étant trop lent pour compenser le massacre. Actuellement, la chasse à la baleine est interdite pour permettre aux populations de se reconstituer.

Baleines et dauphins font l'objet d'études scientifiques

Les baleines franches furent les premières à devenir rares. Nageuses indolentes, elles constituaient une proie facile pour les baleiniers à voiles de jadis. Avec l'apparition des baleiniers à moteur et des harpons à tête explosive, plus aucune espèce ne fut à l'abri des chasseurs. Le cachalot et les grands cétacés à fanons en furent les principales victimes. En 1931, on tua pas moins de 30 000 rorquals bleus dans l'Antarctique. Jamais plus on n'en rencontra un si grand nombre; il n'en reste vraisemblablement qu'environ 10 000 dans le monde entier.

Le harpon à tête explosive a rendu la chasse à la baleine plus aisée

Dans certaines régions de l'Asie du Sud-Est et de l'Amérique du Sud, on chasse les dauphins pour leur chair. De nombreux autres périssent, pris dans les filets des pêcheurs.

Les mesures de protection et la diminution des bénéfices ont mis fin à la chasse à la baleine dans plusieurs pays. Dans d'autres cependant, les cétacés continuent à être pourchassés sans relâche. Les populations de nombreuses espèces ont chuté à tel point que leur survie est devenue incertaine. Les mœurs des cétacés sont encore méconnues. Il y a une trentaine d'années seulement que l'on a commencé à étudier en captivité les dauphins et les petits cétacés.

Les orques constituent une attraction appréciée

Identification

Ces deux pages ne présentent qu'un cinquième des diffé-rentes espèces de cétacés vivant dans le monde. Toutes sont dessinées à la même échelle, chaque section du qua-drillage représentant deux mètres. Tu rencontreras le grand dauphin dans de nombreux zoos.

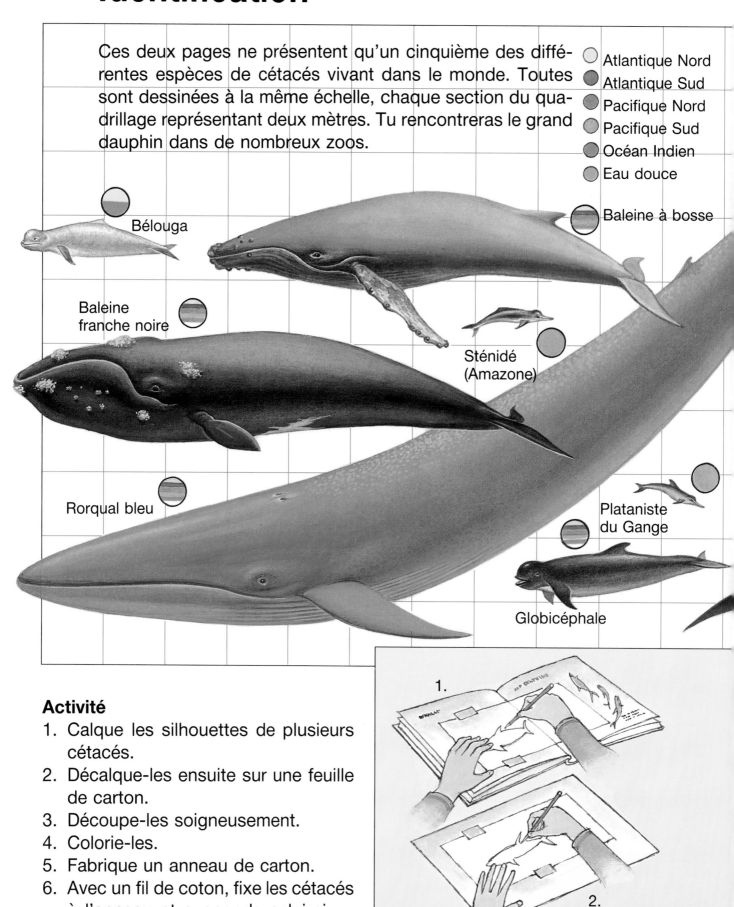

○ Atlantique Nord
● Atlantique Sud
● Pacifique Nord
○ Pacifique Sud
● Océan Indien
● Eau douce

Béluga

Baleine à bosse

Baleine franche noire

Sténidé (Amazone)

Rorqual bleu

Plataniste du Gange

Globicéphale

Activité

1. Calque les silhouettes de plusieurs cétacés.
2. Décalque-les ensuite sur une feuille de carton.
3. Découpe-les soigneusement.
4. Colorie-les.
5. Fabrique un anneau de carton.
6. Avec un fil de coton, fixe les cétacés à l'anneau et suspends celui-ci au plafond.

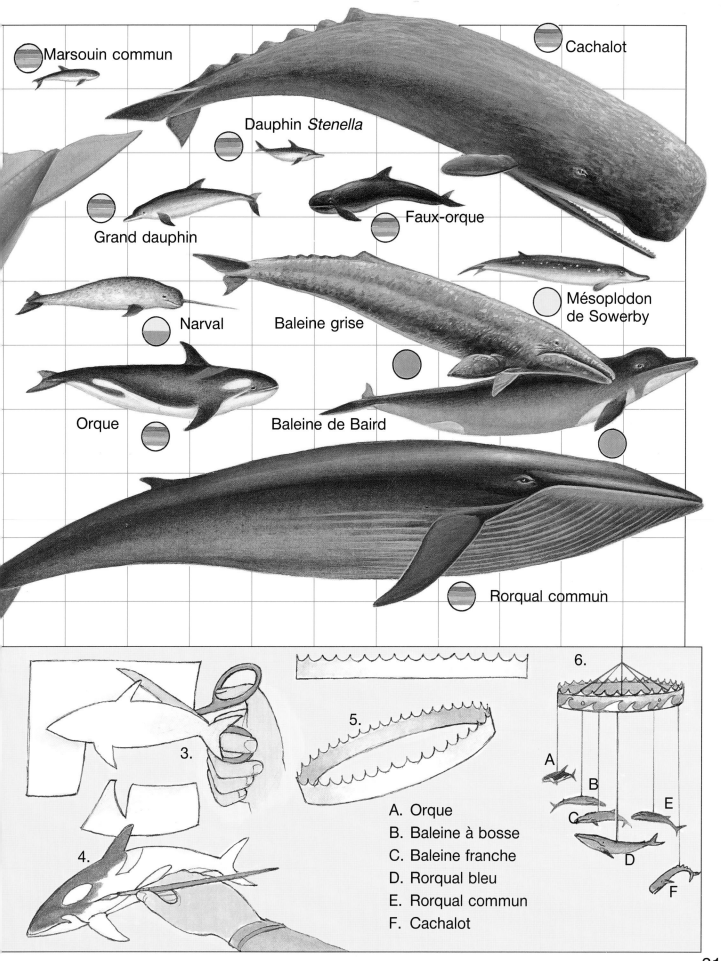

Marsouin commun

Cachalot

Dauphin *Stenella*

Faux-orque

Grand dauphin

Narval   Baleine grise   Mésoplodon
                                       de Sowerby

Orque   Baleine de Baird

Rorqual commun

3.

4.

5.

6.

A. Orque
B. Baleine à bosse
C. Baleine franche
D. Rorqual bleu
E. Rorqual commun
F. Cachalot

A
B
C
D
E
F

Index

Origine des photographies
Page de titre: Zefa; pages 5, 11, 17 et 19: Ardea; pages 7, 12, 23, 24, 26 et 29: Planet Earth; pages 8, 15, 28 et 29: Bruce Colman; pages 20, 25 et 28 (encadré): Survival Anglia.

PRINTED IN BELGIUM BY

proost
INTERNATIONAL BOOK PRODUCTION